Peter Hahne · Worauf man sich verlassen kann

Peter Hahne

Worauf man sich verlassen kann

Worte des Trostes

johannis

Bildnachweis:
Umschlagbild: (Hintergrund) Th. Harbig u. (kl. Bild) J. Vogt; S. 7: Willys Fotografie/ A.L.W. Hoenderkamp; S. 8/9: H. Ney; S. 11: H.+. B. Dietz; S. 13: P. Santor; S. 15: Ch. Baumgartner; S. 17: G. Weissing; S. 18/19: W. Rauch; S. 21: J.-Th. Titz/TIPHO-Bildarchiv; S. 23: A. Jahns; S. 25: L. Schmidt; S. 27: M. Ruckszio; S. 29: W. Rauch; S. 31: N. Vanwittembergh; S. 33: K. Radtke; S. 35: W. Rauch; S. 37: M. Ruckszio; S. 39: G. Gölz; S. 41: M. Ruckszio; S. 43: G. Weissing; S. 45: H. Schlegel; S. 47: K. Radtke

Die Deutsche Bibliothek – CIP-Einheitsaufnahme

Worauf man sich verlassen kann : Worte des Trostes / Peter Hahne. – 3. Aufl. –
Lahr : Johannis, 2000
ISBN 3-501-05935-3

Markante Texte – Treffende Gedanken 05935
3. Auflage 2000

Umschlaggestaltung: Friedbert Baumann
Gesamtherstellung:
St.-Johannis-Druckerei, Lahr/Schwarzwald
Printed in Germany 14152/2000

In der Talsohle des Lebens zählt nur das Echte. Worte über den Tag hinaus. Wir brauchen Trost, keine Vertröstung, Ermutigung, keine leeren Worte. Hoffnung, keine Illusion. Jetzt gilt nur das, worauf man sich wirklich verlassen kann. Auf Gott ist Verlaß, weil er uns nicht verläßt.
Und Sie sollen wissen: Es gibt Menschen, die in diesen schweren Tagen besonders an Sie denken.

Mit allen guten Segenswünschen

Wo ich meine Not zu Gott bringe, wird sie vielleicht nicht erklärlicher, aber auf jeden Fall erträglicher.

Gott hilft nicht immer
am Leid vorbei,
aber auf jeden Fall
hindurch.

Gott hält bei mir aus, auch wenn es nicht mehr zum Aushalten ist.

Das letzte Wort hat nicht die Weltmacht Angst,
sondern der Welterlöser Jesus Christus.

Der Herr ist mein Licht und mein Heil; vor wem sollte ich mich fürchten? *Psalm 27, 1*

Gottes Hände halten die weite Welt – und mich.

Der Herr spricht: Ich will ihr Trauern in Freude verwandeln und sie trösten und sie erfreuen nach ihrer Betrübnis. *Jeremia 31, 13*

Ich darf nach vorne denken, in die Zukunft schauen, vom bloßen Augenblick der Trauer wegsehen auf die weiten Wege Gottes. Der Blick nach vorn hilft Leid überwinden.

Christen werden nicht aufs Jenseits vertröstet,
sondern aus dem Jenseits getröstet.
Von guten Mächten wunderbar geborgen,
erwarten wir getrost, was kommen mag.
Gott ist bei uns am Abend und am Morgen
und ganz gewiß an jedem neuen Tag.
Dietrich Bonhoeffer

Wo wir an unsere Grenzen stoßen, beginnt Gottes grenzenloses Erbarmen.

Siehe, um Trost war mir sehr bange. Du aber hast dich meiner Seele herzlich angenommen, daß sie nicht verdürbe. *Jesaja 38, 17*

Niemand kann tiefer fallen als in die Hand Gottes.

Setze kein Fragezeichen, wo Gott einen Punkt macht. Manchmal ist Gott das Verwunden wichtiger als das Wunder.

Trost im Sinne der Bibel heißt: Gegenwart Gottes im Leid.

Keine Trauer drückt endlos nieder. Keine Tränen müssen ewig geweint werden. Nach jedem Dunkel kommt ein neuer Morgen. Gott läßt nicht morgens die Mittagssonne scheinen.

Ich darf mich in die Liebe Gottes hineinfallen lassen
wie in die Arme eines lieben Menschen.

Der Herr ist mein Hirte, mir wird nichts mangeln.

Psalm 23, 1

Für wen Gott sorgt, der hat ausgesorgt. Wer sich an Gott hält, der ist gehalten.

Wer weiß, wem die letzte Stunde gehört, der braucht den nächsten Augenblick nicht zu fürchten.

In Gottes Hand ist meine Zeit am besten aufgehoben.

Gott sieht mich, auch wenn ich nur noch Sorgen sehe. Ich glaube fest daran, daß meine dunkle Welt wieder hell werden kann. Denn Gott vergißt mich nicht.

Du gibst mir Halt, du bietest mir Schutz. Geh mit mir und führe mich, denn du bist mein Gott. *Psalm 31, 4*

Der schwankende Grund menschlicher Versprechungen macht angst. Der feste Halt göttlicher Verheißungen aber macht Mut.

Wenn uns Leid drückt, soll es uns nicht erdrücken. Mitten in aller Sorge sollen wir wissen: Jesus ist immer noch größer.

Vergeben,
nachgeben,
abgeben –
aber nie aufgeben.

Der Tod ist kein Schlußpunkt, sondern ein Doppelpunkt. Auf uns wartet nicht der Tod, sondern das Leben.

Als ich den Herrn suchte, antwortete er mir und errettete mich aus aller meiner Furcht. *Psalm 34, 5*

Der Blick von der Notlage zum Notwender ist der Anfang vom Ende der Trauer.

Wenn ich auch gleich nichts fühle
von deiner Macht,
du führst mich doch zum Ziele
auch durch die Nacht:
So nimm denn meine Hände
und führe mich
bis an mein selig Ende
und ewiglich!

Julie Hausmann

In der Reihe »Markante Texte – Treffende Gedanken« von Peter Hahne sind folgende Bändchen erschienen:

Weihnachten – mehr als ein Fest (Nr. 05 931)
Freude über den Tag hinaus. Worte zum Geburtstag (Nr. 05 932)
Mit dem Herzen schauen. Gute Wünsche (Nr. 05 933)
Nur wer Profil hat, hinterläßt Spuren. Worte für Leute von heute (Nr. 05 934)
Worauf man sich verlassen kann. Worte des Trostes (Nr. 05 935)